IVANHOÉ,

OPÉRA EN TROIS ACTES.

Imprimerie de David,
Boulevart Poissonnière, N° 6.

(Par Émile Deschamps et G.-G. de Wailly d'après Barbier)

IVANHOÉ,

OPÉRA EN TROIS ACTES,

Imité de l'Anglais par MM. ***;

Musique de Rossini,

ARRANGÉ POUR LA SCÈNE FRANÇAISE

Par Pacini,

Représenté, pour la première fois, sur le Théâtre Royal de l'Odéon, le 15 Septembre 1826.

PRIX : 2 FRANCS.

PARIS,

CHEZ VENTE,

LIBRAIRE DES SPECTACLES DE SA MAJESTÉ,

Boulevart des Italiens, N° 7, près la rue Favart.

1826.

Personnages. Acteurs.

Personnages.		Acteurs.
IVANHOÉ, Chevalier Saxon. . .	MM.	LECOMTE.
CÉDRIC le Saxon, son Père.		ADOLPHE.
BRIAN DE BOISGUILBERT, Chevalier normand		LECLERC.
ALBERT DE MALVOISIN, *idem*. . . .		PEYRONNET.
Le Marquis LUCAS DE BEAUMANOIR, Général en chef de l'armée normande.		CHARLES.
ISMAEL, Musulman, Argentier du Roi de France.		LÉON.
RICHARD, Héraut d'armes.		MASSON.
LÉILA, Fille d'Ismaël.	Mlle	LEMOULF.

CHEVALIERS SAXONS ET NORMANDS.

PEUPLE.

Les partitions et morceaux séparés d'IVANHOÉ, se trouvent au magasin de musique de Pacini, éditeur des œuvres de Rossini, boulevart des Italiens, n° 10.

IVANHOÉ.

Acte Premier.

(Le théâtre représente une salle gothique; des instrumens de guerre et de chasse sont suspendus aux murs. On voit, dans le fond, une large fenêtre, et, à gauche, une vaste cheminée. Au lever de la toile, on entend gronder un orage.)

SCÈNE PREMIÈRE.

(Cédric et ses vassaux sont à table. Un pèlerin est assis près de la cheminée.)

CÉDRIC, CHOEUR.

Saxons, la coupe en main!
Au succès de nos armes!
Peut-être les alarmes
Vont renaître demain.

(On frappe à la porte de la salle.)

SCÈNE II.

LES PRÉCÉDENS, ISMAEL, LÉILA.

LÉILA, ISMAEL.

Seigneur, dans votre demeure
Par pitié recevez-nous.

CHOEUR.

Loin d'ici partez sur l'heure,
Ou craignez notre courroux.

LE PÉLERIN, à Léila.

Vite, vite, à cette place,
Sans bruit venez vous asseoir.

LÉILA.

Ah! seigneur, je vous rends grâce;
Mon cœur renaît à l'espoir.

CHOEUR.

Un musulman! quelle audace!
Renonce à ce fol espoir.

LE PÉLERIN.

Méprisez leur insolence,
Je saurai vous protéger.

LÉILA.

Sur notre reconnaissance
Comptez, ô digne étranger.

LE PÉLERIN.

Oui, malheur à qui menace
L'innocence et la beauté!

LÉILA.

Quoi! près de vous prendre place!
Pélerin, quelle bonté!
Ils sont à notre poursuite.

ISMAEL.

Sauvez-nous de leur fureur!

CHOEUR.

Loin d'ici, race maudite!
Un musulman! quelle horreur!

LÉILA.

Point de colère;
De mon vieux père,
A ma prière,
Calmez l'effroi.

ISMAEL.

Point de colère ;
Ah! d'un vieux père,
A sa prière,
Plaignez l'effroi.

CHŒUR.

Vaine prière !
Vil téméraire,
Crains ma colère,
Retire-toi.

CÉDRIC.

Non, sa prière
Ne peut déplaire ;
De son vieux père
Je plains l'effroi.

LE PÈLERIN.

Votre prière
Ne peut déplaire ;
Cédric est père ;
Ah! point d'effroi.

LÉILA, ISMAEL.

Excusez notre audace,
Seigneur, sauvez, de grâce,
Des fureurs d'un méchant
Un père et son enfant.

CHŒUR.

Vaine prière !
Vil téméraire,
Crains ma colère,
Retire-toi.

CÉDRIC.

Paix! mes dignes hôtes; lorsque la guerre est à nos portes, ne refusons l'hospitalité à personne. La trêve conclue entre l'Angleterre et le roi de France, Philippe, expire demain; et qui sait si alors nous aurons encore un asile? Que ce musulman reste avec sa fille, quoique sa présence éveille en mon âme des souvenirs douloureux.... Je me suis croisé jadi, comme tous les chevaliers chrétiens, et je ne puis voir un turban sans songer qu'en Palestine, il y a quinze ans, j'ai vu périr par le fer des infidèles mon vieux compagnon d'armes, Olric, le dernier descendant mâle du grand Alfred. Édith, sa fille, qui n'était qu'un enfant alors, et dont il n'avait pas voulu se séparer, tomba au pouvoir des ennemis, et depuis lors j'ignore ce qu'elle est devenue.

LÉILA.

Seigneur, mes compatriotes ne sont pas si cruels qu'on les dépeint; ils auront pris soin de ses jours! et, si les prières de ceux que vous avez si généreusement accueillis sont entendues du ciel, vous reverrez l'objet de vos regrets.

CÉDRIC.

Je crains bien qu'elles n'aient pas cette influence, aimable enfant; mais je n'en suis pas moins reconnaissant de tes souhaits. Avant de nous retirer, je veux porter une dernière santé. C'est à vous de me faire raison, sire pélerin, puisque vous arrivez de la Terre-Sainte; allons, au plus vaillant des défenseurs de la croix!

LE PÉLERIN, se levant avec enthousiasme.

Au roi Richard!

CÉDRIC, avec feu.

Qui? ce Normand qui a entraîné loin de moi mon fils Ivanhoé! ce ravisseur de l'appui de ma vieillesse! Étranger, vous avez rouvert dans mon âme une plaie bien profonde!... Mais Cédric ne doit pas regretter le Saxon qui suit un maître normand... Écartons ces idées : musulman, comment oses-tu venir dans un pays dont les habitans ont tant de motifs de vengeance contre les hommes de ta nation?

ISMAEL.

Noble seigneur, que feraient-ils d'un pauvre

marchand? Le commerce est le seul bien que la guerre ne rompt pas entièrement; je ne possède rien d'ailleurs, et je ne crains que pour ma fille Léila, que votre courtoisie vient de soustraire à la violence de ce terrible Normand.

LE PÉLERIN, vivement.

Que veux-tu dire? explique-toi.

ISMAEL.

Vous saurez donc, digne pélerin, et vous, noble seigneur, que nous revenions de la grande place d'armes d'Ashby, où, sur la foi de la trève, j'étais allé pour satisfaire la curiosité de ma fille, et pour y vendre quelques armures que de pauvres chevaliers, morts insolvables, m'avaient laissées en gage. Pendant le tournoi, le chevalier Brian de Boisguilbert avait regardé ma fille avec une attention qui me fit concevoir des craintes que l'événement a trop bien justifiées; car, à l'entrée du bois qui entoure ce château, nous avons été poursuivis par une troupe d'archers; et, à leur tête, j'ai reconnu Boisguilbert.

TOUS.

Boisguilbert!!!

ISMAEL.

Boisguilbert, dont la vengeance
Fut toujours l'unique loi!
Boisguilbert, que l'innocence
N'a jamais vu sans effroi!
Ah! maudite complaisance!
La peste soit du tournoi!

CHOEUR.

Avec son air d'importance,
Le poltron se meurt d'effroi.

ISMAEL.

Dans mon cœur qu'elle tourmente,
Son image, encor présente,
Me poursuit et m'épouvante.
Daignez donc, seigneur, écouter

Ce que je vais vous raconter :
L'esprit encor plein de la fête,
Nous cheminions au petit trot,
Lorsque sur nous, le casque en tête,
Le fier Normand fond au galop.
Chaque instant accroît nos alarmes :
Je presse en vain mon coursier;
Ah! que n'avais-je les armes
Et le cœur d'un chevalier!

CHŒUR.

Qui pourrait craindre les armes
Dans la main d'un tel guerrier?

ISMAEL.

Mais, hélas! pour ma fille
Je devais me conserver.
Près de nous le fer brille;
Plus d'espoir de nous sauver :
Quand tout-à-coup d'une cloche
Mon oreille entend les sons.
O ciel, Boisguilbert approche!
Fuyons, Léila, fuyons!
J'entends sa voix farouche
Retentir dans le bois!
Il nous presse, il nous touche!
Oui, c'est lui, je le vois!

CHŒUR.

Il les presse, il les touche,
Pourront-ils échapper de ce bois?

ISMAEL.

Mais soudain la foudre gronde,
Le ciel s'ouvre avec fracas;
Bientôt une nuit profonde
A leurs yeux cache nos pas.
Déjà plus loin, sur la bruyère
J'entends leurs chevaux galoper.
Enfin, ma fille, j'espère,
Nous pourrons leur échapper.

Du bois nous sortons en silence ;
Ce château se montre à nos yeux;
Mon cœur renaît à l'espérance,
J'y trouve un appui généreux.

CHOEUR.

Qu'ici sa fureur {nous / les} assiége,
{Je ne crains / Il ne craint} plus rien désormais,
Le vaillant Cédric {nous / les} protége,
Et ses remparts sont fort épais.

CÉDRIC.

Je ne me repens pas de vous avoir accueillis : on trouvera toujours dans le château de Cédric le Saxon un asile contre les attentats d'un Normand ; mais la prudence exige quelques soins; car on sait que ce Boisguilbert ne respecte rien. Oswald, qu'on lève le pont; moi je vais veiller à la sûreté du château; je reviens à l'instant, pélerin, ne vous éloignez pas. (Puissions-nous n'avoir que des étrangers à combattre!)

(Cédric sort avec ses vassaux; Léila entre dans la chambre qui lui est indiquée; Ismaël se dispose à la suivre, lorsqu'il est arrêté par le Pélerin.)

SCÈNE III.

LE PÉLERIN, ISMAEL.

LE PÉLERIN, à part.

Ismaël, l'argentier du roi de France dans le château de Cédric! Ne serait-ce point une ruse de Philippe? Éclaircissons ce doute. *(Haut.)* Ismaël!

ISMAEL, se retournant.

Qui m'appelle? Le pélerin! Comment sait-il mon nom?

LE PÉLERIN.

Est-ce bien la crainte de Boisguilbert qui t'a conduit ici? Ne cherche pas à m'abuser: tu parles à un homme qui te connaît mieux que tu ne penses.

ISMAEL.

Seigneur pélerin, si vous me connaissez, vous devez savoir que je ne suis qu'un pauvre marchand étranger aux débats politiques. Le roi de France, Philippe, auquel j'ai eu l'honneur de rendre de légers services en Palestine, m'a emmené avec lui; et comme il vient de faire une descente en Angleterre, je suis arrivé à sa suite.

LE PÉLERIN.

Pour t'enrichir de nos dépouilles?

ISMAEL.

Hélas! sire pélerin, comment vivre sans un peu d'industrie? mais plût à Dieu que je fusse aussi riche que mes ennemis le prétendent!

LE PÉLERIN.

Mécréant, crois-tu m'en imposer! Ne connais-je pas la grande pierre qui est au pied du palmier de ton jardin de Jérusalem? Ne sais-je pas que cette pierre cache un escalier qui conduit à un certain caveau?.....

ISMAEL.

Miséricorde! ce n'est pas un homme, c'est mon mauvais génie!

LE PÉLERIN.

Comment n'as-tu pas craint de venir demander ici une hospitalité que tu as refusée à des croisés en Palestine?

ISMAEL.

Ah! sire pélerin, c'est une pure calomnie.

LE PÉLERIN.

Eh! quoi, ne te souvient-il plus de ce chevalier blessé que ta fille avait recueilli pendant ton absence, et que tu chassas impitoyablement de chez toi, à ton retour?

ISMAEL.

Ah! ce fut bien malgré moi; ce chevalier était jeune, fallait-il exposer le cœur de ma fille?

LE PÉLERIN.

Rends grâce à sa présence ; c'est à elle seule que tu dois de n'être pas livré à Boisguilbert. Retire-toi ; Cédric va revenir en ces lieux ; il veut me parler sans témoin.

ISMAEL.

Je sors, seigneur pélerin ; mais vous me promettez, n'est-ce pas, de me garder le secret du caveau ? Je vous assure, d'ailleurs, que j'ai fait, depuis quelque temps, de bien grandes pertes, et qu'il ne contient plus que quelques marchandises. Vous ne parlerez pas non plus du roi Philippe. Si l'on savait que c'est lui qui m'a amené ici......

LE PÉLERIN.

Je te le promets ; mais souviens-toi que la trève expire demain. Adieu.

ISMAEL.

Adieu, estimable pélerin, adieu.

(Il sort.)

SCÈNE IV.

LE PÉLERIN, *seul.*

C'est elle-même, c'est cette charmante Léila, dont les soins touchans m'ont rendu à la vie, dans la Terre-Sainte ; la reconnaissance me fait un devoir de la secourir ; mais que dis-je ! je ne dois qu'à ces vêtemens grossiers l'asile que je reçois dans ce château ; j'y rentre en fugitif et sans espoir d'obtenir mon pardon. Quel appui que celui d'un proscrit ! Ah ! du moins j'ai mes armes, ne crains rien de Boisguilbert.

Air.

Blessé sur la terre étrangère,
Si je vois encor la lumière
Je le dois à ton secours.
Je veux consacrer cette vie,

Qui sans toi m'était ravie,
A veiller sur tes jours.
Mais quel transport naît dans mon âme!
L'innocence de moi réclame
Un appui protecteur.
Je sens, à l'ardeur qui m'enflamme,
Que je dois être ton vengeur.
Je le jure d'avance,
Oui, je veux terminer ta souffrance;
Ce bras saura te protéger;
Mon cœur s'ouvre à l'espérance,
Il ne connaît plus de danger.

SCÈNE V.

LE PÉLERIN, CÉDRIC.

CÉDRIC, dans le fond, à part.

Interrogeons cet étranger; il revient de la Palestine; peut-être entendrai-je prononcer un nom que je devrais avoir oublié pour toujours. (*S'avançant et haut.*) Digne pélerin, daignez satisfaire la curiosité d'un vieux guerrier. Vous avez dû être témoin, dans la Terre-Sainte, des hauts faits d'armes des défenseurs de la croix. Quoique Cédric ne soit plus ce qu'il était jadis, un bruit de guerre est toujours plus flatteur à son oreille que les chants joyeux d'un festin.

LE PÉLERIN.

Seigneur, que vous dirai-je? Chaque jour voit arriver ici les débris de notre malheureuse armée.

CÉDRIC.

Parmi les chevaliers échappés à ce désastre, vous avez connu Brian de Boisguilbert?

LE PÉLERIN.

Oui, seigneur, je le vis au tournoi qui eut lieu après la prise de Saint-Jean-d'Acre.

CÉDRIC.

Ce fameux tournoi dont la renommée a porté jusqu'ici la nouvelle! Le fougueux Boisguilbert n'y dut pas rester oisif!

LE PÉLERIN.

Il y combattit, seigneur, ainsi que deux autres chevaliers normands, qui ne doivent pas vous être inconnus : Albert de Malvoisin...

CÉDRIC.

Son ami, le confident de ses pensées....

LE PÉLERIN.

Et le marquis Lucas de Beaumanoir...

CÉDRIC.

Le chef de l'armée rassemblée au château de Saint-Edmond, à quelques milles d'ici; vous me citez de bien fortes lances! Et quels chevaliers osèrent leur tenir tête?

LE PÉLERIN.

Leurs vainqueurs.

CÉDRIC.

Leurs vainqueurs! De par saint Dunstan, nommez-moi ces valeureux champions, je vous prie.

LE PÉLERIN.

Le premier en rang, en honneur et en courage, Richard, roi d'Angleterre.

CÉDRIC.

Je lui pardonne d'être descendu du tyran Guillaume; et le second?

LE PÉLERIN.

Sire Henri Douglas.

CÉDRIC.

Véritable Saxon, par l'âme d'Heingist; et le troisième, quel était son nom?

LE PÉLERIN.

Le troisième, qui avait pour adversaire Boisguilbert, était un jeune chevalier moins renommé, qui fut admis dans cette honorable compagnie plutôt pour en compléter le nombre que pour aider à l'entreprise.

CÉDRIC, avec étonnement.

Un jeune chevalier sans réputation, l'antagoniste, le vainqueur de Boisguilbert, du plus vaillant des chevaliers normands, et vous ne vous rappelez pas son nom? Pélerin, ce manque de mémoire m'étonne; pourquoi ce silence subit? Cette chaîne d'or est à vous si vous me nommez ce jeune héros.

LE PÉLERIN.

Puisque vous l'exigez, je vous le nommerai sans cette récompense, car j'ai fait vœu de ne point toucher d'or d'ici à un certain temps: ce chevalier était Saxon, et se nommait Wilfrid d'Ivanhoé.

CÉDRIC.

Wilfrid! Ah! mon cœur me disait que le sang de Cédric ne pouvait dégénérer; mais non, le fils qui m'a désobéi n'est plus mon fils, son destin m'est aussi indifférent que celui du dernier des Normands.

(On entend le son du cor.)

SCÈNE VI.

CÉDRIC, LE PÉLERIN, LÉILA, ISMAEL, CHOEUR.

(Léila et Ismaël entrent éperdus.)

Quatuor.

LE PÉLERIN.

Ah! point d'alarmes,
Séchez vos larmes,
Comptez sur nous.

LÉILA, ISMAEL.

Le cor résonne,
Ah! je frissonne,
Entendez-vous?

CÉDRIC.

De la prudence!
Faisons silence!
Écoutons tous!

SCÈNE VII.

LES PRÉCÉDENS, UN HÉRAUT.

LE HÉRAUT.

Boisguilbert vous propose ou la guerre ou la paix;
Cette esclave est la sienne, et ma voix la réclame.
En son pouvoir tous deux remettez-les,
Ou, malgré vos remparts épais,
Craignez le courroux qui l'enflamme.

LE PÉLERIN.

Va-t'en; dis à ton maître
Qu'un jeune chevalier
Qu'il apprit à connaître,
Ose le défier;
Que le fer de ma lance
Saura, sur ces remparts,
Punir son insolence,
S'il brave mes regards.

CÉDRIC.

Quel est donc ce mystère?
Mon fils est devant moi!

LE CHOEUR.

Quel étonnant mystère
Dissipe notre effroi?

LE PÈLERIN.

Pardonne-moi, mon père;
En combattant j'espère
Désarmer ta colère
Et sauver son honneur.

LÉILA.

O bonheur! ô destin prospère!
Quel transport agite mon cœur!
Volez à ma défense,
Généreux chevalier!

CHOEUR.

Meure l'indigne chevalier!

IVANHOÉ.

Je venge son offense;
Dieu, sois mon bouclier!

LE CHOEUR ET LÉILA.

Le nom seul de la gloire
Fait palpiter mon } cœur.
Fait palpiter son }

CHOEUR.

Aux armes! victoire!
Suivons ses pas!
Au seul nom de gloire
Il brave le trépas.

(Cédric et Ivanhoé sortent avec le chœur.)

SCÈNE VIII.

ISMAEL, LÉILA.

ISMAEL.

Ma fille, où fuir, où nous cacher? Maudit tournoi! pourquoi faut-il que j'aie quitté le camp français?

LÉILA.

Mon père, songez à ce brave chevalier qui s'expose pour vous en ce moment.

ISMAEL.

Puisse Mahomet étendre sa protection sur lui!

(Sur la ritournelle de l'orchestre, les femmes entrent en désordre et précipitamment.)

LÉILA.

Quel tumulte! Ah! pourquoi ces alarmes?

ISMAEL.

Viens, ma fille; que faire sans armes?

LÉILA.

Ah! de grâce, parlez! voyez mes larmes!

ISMAEL.

Elle reste, je meurs de frayeur.

LÉILA.

Mon cœur tremble; sinistre présage!

ISMAEL.

Mon cœur tremble; adieu, mon courage!

CHŒUR.

Malheureuse! le combat s'e...
Ta présence excite leur ra...
Suis ton père, évite leur outra...
Et détourne de nous leur fureur.

LÉILA, se dégageant des bras de son père, qui l'entraine en fuyant.

Mon père, mon père! Que vois-je? il est blessé!

SCÈNE IX.

LÉILA, IVANHOÉ, *blessé, soutenu par deux soldats qui se retirent.*

IVANHOÉ.

Que faites vous ici, Léila? Fuyez votre ravisseur, je ne puis plus vous défendre.

LÉILA, s'approchant de lui.

Vous abandonner en cet état, quand c'est pour moi que vous vous êtes exposé à la mort! Laissez-moi panser votre blessure, peut-être parviendrai-je à vous soulager.

IVANHOÉ.

Faut-il que je sois hors de combat! Si, du moins, je pouvais lever une hache d'armes, ne fût-ce que pour en frapper un seul coup! Vœux superflus, je suis sans forces; aidez-moi, je vous prie, à me traîner près de cette fenêtre, que je sois témoin.....

LÉILA.

Restez, chevalier, vous agraveriez votre blessure; elle n'est pas dangereuse, vous serez bientôt rétabli; mais le repos est nécessaire. Je vais m'y placer moi-même, et je vous rendrai compte de tout ce qui se passera au dehors.

IVANHOÉ.

Je vous le défends, chaque ouverture va servir de point de mire aux archers. Léila, voudriez-vous que j'eusse à me reprocher votre mort, que ce souvenir empoisonnât le reste de ma vie? Du moins, couvrez-vous de cet ancien bouclier, et montrez-vous le moins possible.

LÉILA, se couvrant du bouclier.

O spectacle horrible!

IVANHOÉ.

J'entends d'ici le bruit des armes, et il faut que je reste oisif! Regardez les assiégeans, avancent-ils toujours?

LÉILA

Je ne vois qu'une nuée de flèches; mes yeux en sont éblouis. O ciel!

IVANHOÉ.

Parlez.

LÉILA.

Nos défenseurs sont repoussés, le château est pris, je vois Boisguilbert sur les remparts.

IVANHOÉ.

Et que font donc nos vassaux ?

LÉILA.

Tout est perdu, ils fuient.

Final.

LÉILA.

Hélas! ô douleur!
O jour funeste!

IVANHOÉ, *saisissant une épée.*

Ce fer me reste.

CHOEUR, *en dehors.*

Victoire! honneur!
Il est vainqueur!

LÉILA.

Moment terrible!
Quel trouble horrible
S'empare de mon cœur!

IVANHOÉ.

Aux tourmens que mon âme endure
Je préfère la mort.

LÉILA.

Arrêtez! je vous en conjure;
Le crime est le plus fort.
Il n'est plus d'espérance.
Ah! craignez leur vengeance,
Ou vous allez périr.

IVANHOÉ.

Je brave leur vengeance.
Je n'ai qu'une espérance :
Vous sauver, ou mourir.

CHOEUR.

Craignez notre vengeance :
Oui, vous allez périr.

SCÈNE X.

IVANHOÉ, LÉILA, ISMAEL, SOLDATS, *et plus tard* BOISGUILBERT.

LÉILA, IVANHOÉ, ISMAEL.

O sort infidèle,
Tu trompes mon zèle;
Ta rage cruelle
Accable mon cœur!
O crainte! ô douleur!

ISMAEL.

O rage! ô douleur!
Je me meurs de peur!

LÉILA.

Mon père, craignez sa colère.
(A Ivanhoé.)
Seigneur, ne m'abandonnez pas.

IVANHOÉ.

O ciel! je frémis de colère.
A sa voix n'obéissez pas.

ISMAEL.

Ma fille, évitons sa colère.
(A Ivanhoé.)
Seigneur, ne m'abandonnez pas.

BOISGUILBERT, CHOEUR.

Tremblez, jeune téméraire;
(A Léila.)
Marchez, suivez nos pas.

LÉILA.

O mon père, quelle souffrance!

BOISGUILBERT.

Ne faites plus de résistance,
Ou craignez le trépas.

LÉILA.

Ah! plutôt que je périsse!

BOISGUILBERT.

Allons, soldats, qu'on la saisisse!

IVANHOÉ.

Faut-il que le sort me trahisse,
Et qu'il enchaîne ainsi mon bras!

IVANHOÉ, LÉILA, ISMAEL.

Dieu, comble mon attente!
Crains de {ma / sa} main pesante
La vengeance éclatante,
Indigne chevalier!

BOISGUILBERT, CHŒUR.

Cette victoire éclatante
{Couronne mon / Surpasse notre} attente;
Dans ta rage impuissante
Tu peux {me / nous} défier.

(Boisguilbert et les soldats se retirent et entraînent Léila.)

FIN DU PREMIER ACTE.

Acte Deuxième.

(Le théâtre représente une salle du château de Saint-Edmond. Une fenêtre avec une plateforme extérieure, sans balustrade. La scène se passe dans un donjon très-élevé.)

SCÈNE PREMIÈRE.

LÉILA, *seule.*

J'ai vainement cherché, je ne vois aucune issue; ces murailles épaisses, la hauteur effrayante de ce donjon, tout m'interdit l'espoir de la fuite. Ah! si le noble Cédric, si son fils pouvaient venir à mon secours!... Mais que n'ai-je pas à redouter, avant qu'ils n'aient eu le temps de rassembler leurs vassaux dispersés par l'effroi; et d'ailleurs comment les instruire du lieu où je suis enfermée?... Que vois-je?... mon père... Il me cherche, le ciel l'envoie pour me sauver... Mais, à une telle distance, il ne peut entendre ma voix... O bonheur! il a vu mes signes; écrivons :

« Léila, fille d'Ismaël, au chevalier Vilfrid d'I-
» vanhoé.

» Chevalier, je suis prisonnière dans le château
» de St.-Edmond... J'ose implorer votre secours,
» celui de vos Saxons!... Mais non, vous êtes blessé!...
» Daignez instruire de mon malheur le roi Philippe.
» Son armée est campée à une demi-journée de
» Rotherwood. »

Mon Dieu! je sens que la vie me sera plus chère

si je la dois au chevalier dont le souvenir réveille dans mon âme des sentimens si doux.

Air.

Ah! mon âme en vain espère :
Pardonne-moi, Dieu de mon père!
Par un penchant involontaire,
Vers lui je me me sens attirer.
Mais comment unir sur la terre
Ceux que le ciel doit séparer?
Mais l'amour règne en mon âme,
Et triomphe du devoir.
En vain la raison me blâme :
Mon cœur brûle de te voir!
Ah! viens, par ta présence,
Alléger ma souffrance,
Et me rendre à l'espoir!

SCÈNE II.

LÉILA, BOISGUILBERT.

BOISGUILBERT.

Charmante Léila!

LÉILA.

Qu'ai-je à craindre? En veut-on à ma vie?

BOISGUILBERT.

A votre vie! Dans des lieux où je commande en maître, qui oserait menacer vos jours?

LÉILA.

Pourquoi donc me retenir ici captive? S'il vous faut une rançon, mon père...

BOISGUILBERT.

L'amour et la beauté se chargeront de payer la seule rançon que j'exige.

LÉILA.

Qu'osez-vous dire? Que peut-il y avoir de commun entre vous et moi?...

BOISGUILBERT.

Sais-tu que je puis te parler en maître? Tu es ma captive; je t'ai conquise avec la lance et l'épée, et tu es soumise à mes volontés...

LÉILA.

Arrête! Ta force peut l'emporter sur la mienne; mais je proclamerai ta scélératesse d'un bout de l'Europe à l'autre : tes frères d'armes apprendront comment tu observes les sermens sacrés de la chevalerie.

BOISGUILBERT.

Crois-tu pouvoir te faire entendre au delà des murs de ce donjon? Tu n'en sortiras qu'à une seule condition. Soumets-toi à ton destin, alors je te fais briller d'une telle magnificence, que les plus fières dames normandes céderont en éclat, comme en beauté, à la favorite de la meilleure lance de l'Angleterre.

LÉILA.

Me soumettre à mon destin! quel destin, juste ciel! Toi le plus brave des chevaliers anglais! ta conduite est celle d'un lâche!... Mais je ne te crains pas, grâce à celui qui a construit cette tour si élevée qu'un être animé ne peut en tomber sans perdre la vie.

(Elle court vers la plateforme d'où elle est prête à s'élancer.)

Duo.

BOISGUILBERT.

Que vois-je? ô ciel!

LÉILA.

Frémis, cruel!

BOISGUILBERT.

Oui, sa menace
De mon audace
Suspend l'effort.

LÉILA.

Son sang se glace;
De son audace
Que peut l'effort?

BOISGUILBERT.

Elle me préfère la mort,

LÉILA.

Oui, son aspect me rassure.

BOISGUILBERT.

Ne craignez nulle injure,
De grâce, écoutez-moi!
Sur mon honneur, je vous le jure,
Fiez-vous à ma foi!

LÉILA.

Arrête, ou ta victime
S'élance dans l'abîme
Entr'ouvert sous ses pas.

BOISGUILBERT.

La crainte me guide:
Mon cœur s'intimide;
Sa ruse perfide
L'enlève à mes bras!

LÉILA.

C'est Dieu qui me guide:
J'échappe au perfide:
Mon âme timide
Brave le trépas.

BOISGUILBERT.

Par la foi que j'ai jurée...

LÉILA.

Qui, moi! croire à ton serment!

BOISGUILBERT.

Oui, ma parole est sacrée !

LÉILA.

O ciel ! et dans quel moment !

BOISGUILBERT.

Crains le transport qui m'obsède !

LÉILA.

C'est toi qui devrais frémir !

BOISGUILBERT.

Écoute !

LÉILA.

Jamais.

BOISGUILBERT.

Viens ! cède !...

LÉILA.

Fuis, ou je saurai périr !

BOISGUILBERT.

Un seul instant !

LÉILA.

O mon père !

BOISGUILBERT.

Vois l'abîme !

LÉILA.

O mon père !

BOISGUILBERT

De mon amour téméraire
Redoute le dernier effort !

LÉILA.

Je méprise ta colère,
Et je brave un vain transport.

BOISGUILBERT.

O crainte ! ô tourment ! ô rage
Quoi ! la cruelle m'outrage !

Non, plus d'espoir; son courage
Entre nous place la mort!

LÉILA.

Que peut ton aveugle rage?
Je ne crains aucun outrage,
Je t'échappe, et mon courage
Entre nous place la mort!

BOISGUILBERT.

Mais qu'entends-je?... on vient!... Au nom du ciel, retirez-vous!

(Léila le voyant s'avancer vers elle, s'élance de nouveau vers la plate-forme.)

BOISGUILBERT, effrayé, et reculant précipitamment vers l'extrémité opposée.

Ne craignez rien, je n'approche pas! que ce lieu vous cache aux regards.

(Il ouvre une porte secrète.)

LÉILA, sortant.

Fasse le ciel que je n'aie point à me repentir de ma confiance!

SCÈNE III.

BOISGUILBERT, MALVOISIN.

BOISGUILBERT.

Que venez-vous m'apprendre, Malvoisin? Pourquoi cette agitation?

MALVOISIN.

C'est pour vous que je tremble, Boisguilbert. Malgré mes avis, vous avez persisté dans une entreprise dont je ne prévoyais que trop les dangers.

BOISGUILBERT.

Que voulez-vous dire?

MALVOISIN.

Excités par Maurice de Bracy, votre ennemi,

tous les chevaliers murmurent contre vous. On demande quel motif a pu vous engager à attaquer le château de Cédric, au moment où nous devons oublier nos dissensions pour songer à repousser l'invasion de l'étranger.

BOISGUILBERT.

En l'absence de Beaumanoir, je commande l'armée : depuis quand des soldats osent-ils censurer la conduite de leur chef? Avons-nous besoin de ces vils Saxons pour chasser les ennemis?

MALVOISIN.

Vous commandez l'armée, mais le marquis de Beaumanoir est attendu à l'expiration de la trêve; peut-être auriez-vous à vous justifier devant lui. Je ne savais comment conjurer cet orage, lorsqu'un homme d'armes, de la compagnie du comte de Bracy, est venu lui apporter une lettre tombée du donjon, dans laquelle Léila invoque contre nous le secours des Saxons et des Français.

BOISGUILBERT.

Eh bien ! achevez....

MALVOISIN.

Chevaliers, leur ai-je dit, apprenez qu'Ivanhoé est de retour de la croisade; que cette musulmane est une esclave du roi de France; que Philippe, sachant qu'elle est aimée d'Ivanhoé, l'a envoyée chez Cédric pour soulever contre nous les Saxons, et que notre digne chef, instruit de ce complot, s'est vu forcé d'employer la violence pour se rendre maître de l'instrument de leur perfidie.

BOISGUILBERT.

Qu'avez-vous fait, Malvoisin? Quoi! sans me consulter...

MALVOISIN.

Le péril était pressant, il fallait vous disculper:

De Bracy n'ignore pas l'amitié que le roi de France vous témoignait pendant la croisade. Craignez de lui donner cette arme contre vous.

BOISGUILBERT.

Je la laisserais périr! Malvoisin, ce conseil est celui d'un....

MALVOISIN, l'interrompant.

D'un ami qui vous rend un service dont vous sentirez plus tard l'importance. C'était un mal nécessaire et que vous pourrez réparer. Il vous sera facile de la faire absoudre : vous êtes tout-puissant en l'absence de Beaumanoir.

BOISGUILBERT.

Mais j'entends le clairon!

MALVOISIN.

O ciel! Beaumanoir rentre dans le château.

BOISGUILBERT.

Fatal retour!

MALVOISIN.

Ne perdez pas tout espoir! Peut-être est-il temps encore! Je cours!...

(Il sort.)

SCÈNE IV.

BOISGUILBERT, LÉILA.

BOISGUILBERT, courant à la chambre où est renfermée Léila.

Léila! Léila! un danger terrible vous menace!...

LÉILA.

Quel autre ennemi que vous...?

BOISGUILBERT.

Écoutez-moi : on vous accuse d'avoir profité de la trève pour vous introduire chez Cédric, et ménager des intelligences entre les Saxons et les Français.

LÉILA.

Et quelle preuve avance-t-on pour soutenir une telle imposture?

BOISGUILBERT.

Une lettre tombée entre les mains d'un chevalier....

LÉILA.

O ciel! je causerais la perte de mon généreux défenseur!...

BOISGUILBERT, avec humeur.

Pensez à vous, Léila.... Dans ces temps de guerre et de discorde, un soupçon de trahison est puni comme le crime : il n'y a qu'un instant, j'aurais pu prévenir le fatal arrêt; mais Beaumanoir est de retour.

LÉILA.

Dieu de mes pères!

BOISGUILBERT.

Ne craignez rien, je veux vous sauver.

LÉILA.

Vous!

BOISGUILBERT.

Moi; mais maintenant ce ne peut être que par la force, et j'accompagnerai votre fuite. Alors je suis dégradé, déshonoré, accusé de complicité avec les infidèles; le nom illustre que je porte devient un titre de honte et de reproche; et cependant j'oublie mon honneur, je renonce à ma renommée, je sacrifie l'avenir le plus brillant si vous consentez à me dire : Boisguilbert, je suis à vous.

LÉILA.

Qui? moi! acheter à ce prix votre protection? Ah! je cours implorer la justice de votre général; il m'entendra!..

BOISGUILBERT.

Oui, courez vous livrer à sa vengeance; mais voici Malvoisin!...

SCÈNE V.

LES PRÉCÉDENS, MALVOISIN.

BOISGUILBERT.

Eh bien?

MALVOISIN.

Il n'était plus temps; de Bracy m'avait prévenu. Au moment où j'accourais au devant de Beaumanoir, j'ai entendu ces funestes paroles : « Lorsque les Français sont à nos portes, nous devons à tout prix contenir les Saxons dans le devoir, et prévenir, par un exemple rigoureux, mais nécessaire, les tentatives perfides de nos ennemis. » En un mot, par son ordre, le conseil vient de s'assembler, et la lettre fatale est sous les yeux des juges.

Trio.

LÉILA.

Souffrance cruelle!
Angoisse mortelle!
Mon âme chancelle!
Je me sens mourir.

BOISGUILBERT, MALVOISIN.

Souffrance cruelle!
Angoisse mortelle!
Son âme chancelle!
Elle va périr.

SCÈNE VI.

LES PRÉCÉDENS, UN CHEVALIER, CHŒUR.

UN CHEVALIER.

Suivez-nous, le conseil vous demande,
Qu'à son ordre à l'instant on se rende,

LÉILA.

Plus d'espoir! leur fureur sanguinaire
A déjà résolu mon trépas.
A la mort rien ne peut me soustraire!
C'en est fait, il faut suivre leur pas.

BOISGUILBERT ET MALVOISIN.

A la mort nous saurons vous soustraire!
Calmez-vous! nous marchons sur vos pas!

LÉILA.

Dieu puissant, toi qui vois ma détresse,
Daigne, hélas! protéger ma faiblesse,
Et désarme, à ma voix, ton courroux.

MALVOISIN ET BOISGUILBERT.

Malgré moi j'ai causé sa détresse!
Léila, ne crains pas leur courroux.

CHOEUR.

L'heure presse!
A l'instant suivez-nous.

SCÈNE VII.

BOISGUILBERT, MALVOISIN.

BOISGUILBERT.

Que voulez-vous de moi? Faut-il la laisser périr? Je vais trouver Beaumanoir; je brave sa puissance!..

MALVOISIN.

Arrêtez! il paraît disposé à l'indulgence; ne le forcez pas à user de rigueur.

BOISGUILBERT.

Eh bien! qu'ils prononcent leur sentence barbare! Le jugement de Dieu cassera l'arrêt des hommes! Je serai son champion, et nous verrons s'il est un chevalier en état de me disputer la victoire!

MALVOISIN.

Vous vous perdez sans la sauver! Vous ne pouvez paraître dans la lice sans l'autorisation de votre général; et vous la donnera-t-il pour combattre un de vos frères d'armes? Vous ne feriez qu'éveiller ses soupçons. Au lieu de tout braver, employons la ruse : entrez en champ-clos pour la défendre; mais la visière baissée, en chevalier qui cherche les aventures pour prouver la bonté de sa lance.

BOISGUILBERT.

Oui, ce projet m'enchante! Que Beaumanoir nomme son champion, d'un seul coup de lance je lui fais vider les arçons. (*En écrivant sur ses tablettes.*) « Acceptez le secours de mon bras, Léila, et ne refusez pas, au moins pour chevalier, celui que vous dédaignez pour amant »... Marchons.

(Ils sortent.)

SCÈNE VIII.

(Le théâtre change et représente une grande salle dans le château de Saint-Edmond. Le marquis Lucas de Beaumanoir occupe le tribunal; plus bas sont assis les chevaliers. Il fait nuit; la salle du conseil est éclairée par des torches.)

CHOEUR DE CHEVALIERS.

Race infidèle,
Peuple rebelle,
L'ombre éternelle
Va t'engloutir!
Déjà, le glaive
Sur toi se lève!
Ton sort s'achève,
Tu vas périr!
Dieu nous contemple;
Donnons l'exemple
A l'univers.
Votre heure sonne,
La foudre tonne,
Tremblez, pervers!

(Beaumanoir fait signe de ramener l'accusée devant ses juges; elle rentre, et bientôt après paraissent Boisguilbert et Malvoisin.)

SCÈNE IX.

Les Précédens, LÉILA, BOISGUILBERT, MALVOISIN, Soldats.

BEAUMANOIR, debout.

« Léila, musulmane, fille d'Ismaël, esclave du
» roi de France, convaincue de s'être chargée au-
» près de Cédric d'une mission secrète de Philippe,
» tendante à soulever les Saxons contre les Nor-
» mands et d'avoir renouvelé ses tentatives crimi-
» nelles, dans une lettre adressée au chevalier Wil-
» frid d'Ivanhoé, où elle cherche à allumer contre
» nous la guerre civile et étrangère, aux termes des
» lois militaires, est condamnée à être brûlée vive.
» L'arrêt sera exécuté demain avant la sixième
» heure du jour. »

LÉILA, MALVOISIN.

Quel coup { m'accable! / l'accable!
Nuit effroyable!
Arrêt coupable!
Sort implacable!
Moment d'horreur!
Dieu de clémence,
Vois { ma / sa } souffrance.
D'une sentence
Aussi cruelle !
{ Ma / Sa } voix appelle,
Sois { mon / son } vengeur.

LÉILA.

Prends la défense
De l'innocence.

CHŒUR.

Point de clémence!
Plus d'espérance!
La mort s'avance!
Tu vas périr!

(Pendant cette partie du morceau, Léila lit à la dérobée les tablettes qui lui ont été remises par Boisguilbert.)

LÉILA, en jetant son gant.

Dieu, j'en appelle à ta sentence!

TOUS.

Quelle espérance
Vient de s'offrir?

LÉILA, BOISGUILBERT, MALVOISIN.	CHŒUR.
Heureux présage!	Mais quel présage!
Ce faible gage	Ce faible gage
Suspend leur rage,	Calme l'orage,
Et le courage	Et le courage
Rentre en {mon / son} cœur.	Rentre en son cœur.
Dieu de clémence,	Dieu de vengeance,
Vois {ma / sa} souffrance!	Point de clémence!
D'une sentence	De la sentence
Aussi cruelle	Sa voix appelle.
{Ma / Sa} voix appelle.	De l'infidèle
Sois {mon / son} vengeur!	Punis l'erreur!

SCENE X.

LES PRÉCÉDENS, MALVOISIN.

MALVOISIN.

Que vois-je?

ISMAEL.

O transports!

MALVOISIN.

Ciel ! quel est ce mystère ?

BOISGUILBERT.

Dieu ! son père ! ô remords !
Comptez sur mes efforts !

LÉILA.

Fuyez, je vais mourir, mon père !

ISMAEL.

Ah ! barbares, voyez ma misère !
Rendez-la moi !

LÉILA.

La flamme est prête, adieu !

BOISGUILBERT.

Que votre cœur espère :
Leur sang éteindra le feu !

BEAUMANOIR, faisant porter le gant à Boisguilbert.

Boisguilbert, l'infidèle,
A notre arrêt rebelle,
A Dieu même en appelle :
Sois notre défenseur !

BOISGUILBERT.

Qui, moi ! lâche complice
D'un injuste supplice,
J'entrerais dans la lice ?
Pour moi quel déshonneur !

BEAUMANOIR.

Combats, que ta vaillance
Rachète ton erreur !

MALVOISIN, prenant le gant présenté à Boisguilbert.

Craignez de leur vengeance
L'implacable fureur !

CHŒUR.

Oui, prend notre défense
Illustre commandeur !

ISMAEL.

Grand Dieu, vois ma détresse!

LÉILA.

Je cède à ma douleur!

MALVOISIN, regardant Boisguilbert.

Le trouble qui l'oppresse
Me glace de terreur!

LÉILA.

Injuste arrêt! ô fatale rigueur!

LÉILA, BOISGUILBERT, MALVOISIN, ISMAEL.

Dieu de clémence,
Prends notre défense.
Vois {mon / son} innocence,
Et dans {ma / sa} souffrance
Daigne {me / la} secourir!

CHOEUR.

Tremblez! la mort s'avance!
Vous allez périr!
Vengeance!

LÉILA.

Je vais périr!

FIN DU DEUXIÈME ACTE.

Acte Troisième.

(Le théâtre représente, dans le fond, à gauche, le château de Saint-Edmond. Sur les premiers plans à droite, les barrières de la lice. Il fait encore nuit.)

SCÈNE PREMIERE.

(Avant le lever du rideau, on entend une marche militaire.)

MALVOISIN, CHEVALIERS, HOMMES D'ARMES.

MALVOISIN.

Hommes d'armes, occupez les avenues qui mènent au champ-clos. Repoussez tout Saxon qui voudrait en approcher, et éloignez-en surtout ce musulman que votre coupable négligence a laissé pénétrer dans la salle du jugement.

(Il entre dans la lice.)

SCENE II.

CHŒUR DE CHEVALIERS.

Faisons silence;
Le voyez-vous?
Aveo prudence,
Observons tous.
Chassons l'audacieux,
S'il vient encor souiller ces lieux!

(Ils sortent.)

SCENE III.

IVANHOÉ, *enveloppé dans un manteau.*

Voici le château de St.-Edmond! C'est ici sans doute que Boisguilbert retient Léila captive; mais comment lui arracher sa proie? Ah! si je n'ai pu la défendre sur nos remparts, malgré ma blessure, je me sèns la force de combattre pour la sauver. Je suis parvenu à me soustraire à la surveillance de mon père; il arme ses vassaux pour demander raison de son injure; mais pouvais-je attendre patiemment ces longs apprêts? C'est à moi de défier et de punir Boisguilbert!... Hélas! je suis sans armes! la barbare prévoyance de Cédric n'a rien négligé!... Que vois-je? Ismaël! peut-être pourra-t-il me procurer ce que je désire.

SCÈNE IV.

IVANHOÉ, ISMAEL.

IVANHOÉ.

Ismaël!

ISMAEL.

Je ne me trompe pas, c'est ce généreux chevalier! le ciel l'envoie pour sauver Léila! Ah! seigneur! ma fille! ma pauvre fille!

IVANHOÉ.

Tu l'as vue?

ISMAEL.

Hélas! seigneur, les barbares l'ont condamnée à mort.

IVANHOÉ.

Et quel quel prétexte a pu donner lieu ....

ISMAEL.

Il l'accusent de trahison. Ah! seigneur, je n'ai plus d'espoir qu'en vous.

IVANHOÉ.

Parle, que dois-je faire?

ISMAEL.

Un paysan touché de mes pleurs m'a dit que si un chevalier combattait pour elle, et était vainqueur, l'arrêt serait cassé.

IVANHOÉ.

O bonheur !... Mais je suis sans armes.

ISMAEL.

Quoi vous consentiriez !... Ah! je puis vous en procurer. Mais l'heure s'avance. Venez!...

SCÈNE V.

MALVOISIN, THIERRY, HOMMES D'ARMES.

MALVOISIN, dans le fond.

N'est-ce point Ivanhoé que j'aperçois ? Viendrait-il combattre pour Léila? (*Haut.*) Thierry, assurez-vous de ces deux fugitifs, la trève est expirée....... L'heure fatale approche. J'attends ici Boisguilbert; faisons un dernier effort pour affermir son courage... Mais je le vois qui s'avance... Il semble plus agité que jamais.

SCÈNE VI.

MALVOISIN, BOISGUILBERT.

BOISGUILBERT.

Malvoisin, vous êtes mon ami. Je veux sauver Léila : il faut que vous m'aidiez à favoriser son évasion.

MALVOISIN.

Que me proposez-vous? Toutes les issues ne sont-elles pas gardées par des hommes d'armes dévoués à Beaumanoir? Pourquoi, par une tentative infructueuse, lui donner des armes contre vous? Je plains votre égarement; mais s'il pardonne à l'erreur, il punirait le crime... Ne sacrifiez pas votre rang, vos espérances à une folle passion, au désir insensé de sauver une infidèle qui vous préfère un Saxon.

BOISGUILBERT.

L'ingrate! mais si je la laisse sans défense, personne ne voudra se déclarer son protecteur.

MALVOISIN.

Souhaitez-le, loin de vous en plaindre. Si aucun chevalier ne ramasse le gant, vous n'aurez contribué en rien à sa mort. Couvert de vos armes, vous n'êtes qu'un simple spectaeur.

BOISGUILBERT.

Le sort en est jeté, Malvoisin; je reprends toute ma fermeté. D'ailleurs ne m'a-t-elle pas rebuté, méprise, accablé de dédains et d'outrages? Pourquoi lui sacrifierais-je tout ce que j'ai de plus cher au monde? Oui, vous me verrez dans la lice.

MALVOISIN.

Ah! vous me rendez la vie! Mais rentrons, la cloche annonce le cortége funèbre.

(Il rentre dans le château.)

BOISGUILBERT.

Ciel!

SCÈNE VII.

BOISGUILBERT, *seul.*

Combat terrible! ah! que résoudre?
A son affreux destin dois-je l'abandonner?

Non, non, c'est mon amour qui t'a fait condamner,
C'est mon glaive qui doit t'absoudre.
Ah! de quel souvenir mon cœur est déchiré;
Je dois paraître dans la lice!
Qui moi! vainqueur, je l'envoie au supplice,
Vaincu, je suis déshonoré!
N'importe, cède aux vœux d'un amant égaré,
Et mon bras t'enlève à leur rage;
Mais d'un refus épargne-moi l'outrage.
Mon amour te plongea dans l'abîme,
De l'abîme il saura t'arracher;
Et cédant aux remords de son crime,
Renverser cet indigne bûcher!
Ah! pardonne, innocente victime,
Que ton âme se laisse toucher!

SCENE VIII.

BOISGUILBERT, CHOEUR DE CHEVALIERS.

CHŒUR.

Avançons; au chagrin qui l'opprime,
Chevaliers, il faut l'arracher.

BOISGUILBERT, à part.

Horrible souffrance!

CHŒUR.

Sauvez-nous, commandeur, et combattez pour nous.

BOISGUILBERT, à part.

Je sens s'allumer mon courroux!
Renoncez à cette espérance!

CHŒUR.

La marche s'avance;
Venez, commandeur!

BOISGUILBERT, à part.

O désespoir! ô fureur!
Quoi! je céderais comme un traître?

(Haut.)

Non, non, vous allez reconnaître
Votre invincible commandeur!

(A part.)

A l'heure suprême,
Pour celle que j'aime,
Les fers, la mort même,
Je vais tout braver!
Injuste puissance!
Ma terrible lance
De votre vengeance
Saura la sauver!

CHŒUR.

Plein d'espérance
Saisis ta lance,
Et ta vaillance
Va tout braver!

SCENE IX.

LES PRÉCÉDENS, MALVOISIN, BEAUMANOIR, LÉILA, CHEVALIERS, PAYSANS, CORTÉGE FUNÈBRE.

Marche.

CHOEUR.

FEMMES.

Dieu! signale ta clémence;
Dieu! protège l'innocence!

HOMMES.

Dieu confirme la sentence,
Notre arrêt doit s'accomplir.

FEMMES.

Déplorable destinée!
L'innocence va périr!

HOMMES.

Par Dieu même condamnée,
L'infidelle va périr!

MALVOISIN, retenant Boisguilbert qui s'avance vers Léila.

Que faites-vous?

BEAUMANOIR.

Laissez-le, Malvoisin. Dans un appel au jugement de Dieu, tout ce qui peut faire connaître la vérité, doit être permis.

BOISGUILBERT, à voix basse, sur le devant de la scène.

Léila, m'entends-tu?

LÉILA.

Retire-toi, homme cruel!

BOISGUILBERT.

Pense au sort qui t'attend! Périr de la mort des plus grands criminels, être consumée dans un brasier ardent, réduite en cendres, et dispersée au gré des vents!... Ah! le cœur d'une femme, ne peut soutenir un pareil tableau; tu céderas à mes prières.

LÉILA.

Jamais.

BOISGUILBERT.

Écoute-moi: en dépit d'eux tous, ta vie est encore entre tes mains; accepte le secours de mon bras, et nous serons bientôt à l'abri de toute poursuite. Qu'ils prononcent leur sentence, je la méprise; qu'ils flétrissent le nom de Boisguilbert, je laverai dans le sang la tache qu'ils oseront faire à mon écusson.

LÉILA, *se retournant vers ses gardes.*

Qu'on me mène au supplice.

(La marche recommence; Léila disparaît au milieu des gardes; Beaumanoir, Boisguilbert, Malvoisin se disposent à la suivre: Tout-à-coup des cris se font entendre.)

SCENE X.

LES PRÉCÉDENS, UN CHEVALIER, *la visière baissée.*

LE CHEVALIER.

Arrêtez! je suis noble et chevalier! je viens ici pour soutenir, par la lance et l'épée, la cause de Léila, fille d'Ismaël, pour faire déclarer injuste et illégale la sentence rendue contre elle, et pour défier sire Brian de Boisguilbert au combat à outrance, comme traître et meurtrier, ainsi que je le prouverai à l'aide de Dieu et de mon droit.

MALVOISIN, *avec humeur.*

Il faut d'abord que cet étranger prouve qu'il est de noble lignage; nous ne pouvons permettre à notre champion de combattre un inconnu, un homme sans nom.

LE CHEVALIER, *levant sa visière.*

Albert de Malvoisin, mon nom est mieux connu, mon lignage est plus pur que le tien. Je suis Wilfrid d'Ivanhoé.

MALVOISIN, *surpris.*

Ivanhoé!

IVANHOÉ.

Ta ruse est déjouée, Malvoisin, et mon père achève d'en punir les coupables instrumens.

BOISGUILBERT, *d'une voix altérée.*

Je ne te combattrai pas, je ne veux pas profiter de ta faiblesse.

IVANHOÉ.

Orgueilleux Normand, as-tu donc oublié le tournoi de St.-Jean-d'Acre? Vois si tu pourras recouvrer l'honneur que tu as perdu? Par saint Georges, si tu refuses de te mesurer avec moi, je te proclamerai comme un lâche dans toutes les cours de l'Europe.

BOISGUILBERT, *lui lançant un regard farouche.*

Eh bien! oui, j'accepte ton défi! Prends ta lance, Saxon; prépare-toi à la mort!

IVANHOÉ.

Le marquis de Beaumanoir m'octroie-t-il le combat?

BEAUMANOIR.

Je ne puis le refuser.

IVANHOÉ.

Je demande le combat à l'instant.... C'est le jugement de Dieu; je mets en lui toute ma confiance.... Marchons.

(*Ils sortent; on entend des fanfares.*)

SCENE XI.

ISMAEL, *seul.*

Les barbares! ils m'ont repoussé!... O terrible anxiété!... Pendant le combat, j'ai trouvé le moment de m'échapper; mais qu'est devenu Ivanhoé? Aurait-il péri dans la mêlée? (*Fanfares.*) O ciel! voilà le funeste signal! ma fille!.. ma chère fille! me seras-tu rendue?... Pas une personne à qui dévoiler ce fatal secret dont la révélation peut te sauver!

SCENE XII.

ISMAEL, CÉDRIC, SAXONS.

CÉDRIC, dans le fond.

Amis, mon fils doit être en ces lieux; courons prévenir une lutte inégale.

(On entend crier dans la coulisse : VICTOIRE!)

CÉDRIC.

Ciel!

ISMAEL, éperdu.

Qu'entends-je?... Ah! seigneur!... de grâce!... sauvez ma fille!... Sauvez la fille de votre ami!

CÉDRIC.

Que veux-tu dire?

ISMAEL.

Oui, seigneur, la crainte.... l'attachement... une douce habitude m'avaient retenu jusqu'ici... Mais il s'agit de sa vie!... Sachez que Léila n'est autre que cette jeune Édith, confiée aux soins du vieil Ismaël par votre ancien compagnon d'armes Olric.

CÉDRIC.

O bonheur! la fille d'Alfred-le-Grand! courons, amis!... Mais on vient.

Final.

CHOEUR DANS LA COULISSE.

Victoire!

CÉDRIC.

Qu'entends-je?

ISMAEL.

O supplice!

CÉDRIC.

Cruel moment!

SCENE XIII.

LES PRÉCÉDENS, IVANHOÉ, LÉILA, PEUPLE.

IVANHOÉ, conduisant Léila vers Ismael.

Bénis le ciel propice
Qui t'arrache au trépas!
C'est lui dont la clémence,
Fidèle à l'innocence,
A dirigé ma lance
Et soutenu mon bras.

ISMAEL.

Ma fille est délivrée!
Mais quels nouveaux regrets
De mon âme enivrée
Viennent troubler la paix.

LÉILA.

Délivrance inespérée!
Je respire, je renais!

CÉDRIC, à Ivanhoé.

D'Olric ton bras sauve la fille;
Wilfrid, Édith, soyez unis!
(A Édith.)
Reviens au Dieu de ta famille;
O mes enfans, je vous bénis!

LÉILA, à Ismaël.

O bonheur! ô jour prospère!
Viens, ô mon père,
Reste avec nous.

IVANHOÉ.

Heureux secret! ô jour prospère!
Ah! pour mon cœur moment bien doux!
Daignez souscrire aux vœux d'un père:
Oui, mon bonheur dépend de vous;
Édith, nommez-moi votre époux.

SCENE XIV.

LES PRÉCÉDENS, BÉAUMANOIR, CHEVALIERS NORMANDS.

BEAUMANOIR.

Le ciel se déclare!
Respectons ses arrêts;
Le traître a confessé ses forfaits.

CHŒUR.

Le ciel se déclare!
Respectons ses arrêts.

IVANHOÉ.

Pourquoi faut-il qu'un vain nom nous sépare?
Saxons, Normands, nous sommes tous Anglais!

CHŒUR.

Oui, soyons tous Anglais.

SCÈNE XV ET DERNIÈRE.

LES PRÉCÉDENS, MALVOISIN.

MALVOISIN.

Notre ennemi s'avance!
Défendez vos foyers!
Amis, je le devance!
Aux armes, chevaliers!

TOUS.

Chevaliers, courons aux armes!
Renvoyons-leur les alarmes!
Qu'ils craignent nos fers vengeurs!
Voici l'instant de la vengeance;
Cet instant est cher à nos cœurs!

BEAUMANOIR ET CÉDRIC.

Qu'ils tremblent! la mort nous devance.
Marchons, amis, nous reviendrons vainqueurs!

TOUS.

Vengeance! amis, courons aux armes!
Punissons-les de nos alarmes!
Marchons, guerriers, nous reviendrons vainqueurs!

FIN DU TROISIÈME ET DERNIER ACTE.

196

www.ingramcontent.com/pod-product-compliance
Ingram Content Group UK Ltd.
Pitfield, Milton Keynes, MK11 3LW, UK
UKHW032003260826
14628UKWH00005B/2264

9 782019 706517